BEI GRIN MACHT SICH IHR WISSEN BEZAHLT

- Wir veröffentlichen Ihre Hausarbeit, Bachelor- und Masterarbeit

- Ihr eigenes eBook und Buch - weltweit in allen wichtigen Shops

- Verdienen Sie an jedem Verkauf

Jetzt bei www.GRIN.com hochladen und kostenlos publizieren

Jonas Bongartz

Kaiser Willhelm II. im nationalen und internationalen Spannungsfeld. Die Caligula-Affäre von 1894

GRIN Verlag

Bibliografische Information der Deutschen Nationalbibliothek:

Die Deutsche Bibliothek verzeichnet diese Publikation in der Deutschen National-
bibliografie; detaillierte bibliografische Daten sind im Internet über http://dnb.d-
nb.de/ abrufbar.

Dieses Werk sowie alle darin enthaltenen einzelnen Beiträge und Abbildungen
sind urheberrechtlich geschützt. Jede Verwertung, die nicht ausdrücklich vom
Urheberrechtsschutz zugelassen ist, bedarf der vorherigen Zustimmung des Verla-
ges. Das gilt insbesondere für Vervielfältigungen, Bearbeitungen, Übersetzungen,
Mikroverfilmungen, Auswertungen durch Datenbanken und für die Einspeicherung
und Verarbeitung in elektronische Systeme. Alle Rechte, auch die des auszugsweisen
Nachdrucks, der fotomechanischen Wiedergabe (einschließlich Mikrokopie) sowie
der Auswertung durch Datenbanken oder ähnliche Einrichtungen, vorbehalten.

Impressum:

Copyright © 2015 GRIN Verlag GmbH
Druck und Bindung: Books on Demand GmbH, Norderstedt Germany
ISBN: 978-3-656-96349-3

Dieses Buch bei GRIN:

http://www.grin.com/de/e-book/294572/kaiser-willhelm-ii-im-nationalen-und-
internationalen-spannungsfeld-die

GRIN - Your knowledge has value

Der GRIN Verlag publiziert seit 1998 wissenschaftliche Arbeiten von Studenten, Hochschullehrern und anderen Akademikern als eBook und gedrucktes Buch. Die Verlagswebsite www.grin.com ist die ideale Plattform zur Veröffentlichung von Hausarbeiten, Abschlussarbeiten, wissenschaftlichen Aufsätzen, Dissertationen und Fachbüchern.

Besuchen Sie uns im Internet:

http://www.grin.com/

http://www.facebook.com/grincom

http://www.twitter.com/grin_com

Affären im deutschen Kaiserreich und ihre Bedeutung im nationalen und internationalen Spannungsfeld

Die Caligula-Affäre (1894)

Facharbeit Jahrgangsstufe 11

Bereich Geschichte

Inhaltsverzeichnis

1 Einleitung

Ob strukturblinder Personalist oder einflussreicher Imperialist, so verschieden die Meinungen über ihn sein mögen, der Einfluss von Kaiser Wilhelm II. ist unbestreitbar. Sagte doch einmal Generalfeldmarschall Helmuth Karl Bernhard von Moltke in den ersten Jahren der Amtszeit des Monarchen über ihn: „Der junge Herr wird uns noch vor manches Rätsel stellen" (Süddeutsche.de, 2009) So prägte er zwischen 19. und 20. Jahrhundert eine ganze, später nach ihm benannte Epoche durch ein umstrittenes Auftreten und wechselhafte Politik. Der Wilhelminismus vereinte Konservatismus und kolonialen Militarismus und mündete im Ende der Monarchie in Deutschland und in der Ausrufung einer Republik. Doch trotz verschiedenster Auffassungen über den Monarchen bleibt die Frage nach seinem Wesen. Auch noch heute, 74 Jahre nach seinem Tod, findet man auf fachlich historischer, wie auch gesamtgesellschaftlicher Ebene keinen flächendeckenden Konsens über seine Person, sein Handeln und dessen Wirkung. Darüber, dass die Psyche und das Verhalten des Kaisers wohl sehr speziell waren, herrscht jedoch bei Kritikern und Verfechtern seiner Person große Einigkeit, obwohl der Einfluss dieser Faktoren auf seine Politik wiederum sehr verschieden aufgefasst wird.

Doch wer war dieser letzte deutsche Monarch wirklich? Bis heute zählt er wohl zu einer der umstrittensten Personen der jüngeren deutschen Geschichte, mit einer von Affären geprägten Amtszeit, darunter auch die der Caligula Schrift von Ludwig Quidde. Anhand eben dieser Publikation des deutschen Dichters lässt sich die obige Fragestellung wohl am besten ergründen und darlegen, da sie sich, wenn auch mehr symbolisch, mit der Politik, dem Auftreten und der Persönlichkeit des Herrschers auseinandersetzt und diese in Verbindung zu anderen großen Machthabern stellt. Wie das literarische Werk zu einem Skandal und so auch zu einer der einflussreichsten politischen Schriften des 19. Jahrhunderts wurde, inwieweit man die Person des Preußen daran erkennen kann und wie hoch der Wahrheitsgehalt und die Ernsthaftigkeit des Werkes ist, werde ich in der folgenden Facharbeit untersuchen.

2 Die Caligula-Affäre (1894)

2.1 Inhalt der Caligula Schrift

Für Ludwig Quidde war die Frage nach der Person des preußischen Monarchen schnell geklärt. Zu groß waren die charakteristischen Gemeinsamkeiten mit dem römischen Kaiser Caligula, der für viele den Inbegriff fleischgewordenen Übermuts, maßloser Selbstüberschätzung und notorischen Größenwahns darstellt. So handelt die Broschüre des Hanseaten eigentlich zwar von der biografischen Chronik des römischen Machthabers, dessen geistigem Profil und seiner politischen Wirkungskraft, „jedermann, der in Deutschland die kleine Schrift las, war sich aber darüber im klaren, daß Quidde in Wirklichkeit [...] über den Deutschen Kaiser Wilhelm II., geschrieben hatte." (Holl/Kloft/Feser, 2001, 170) Wie bereits aus dem Titel der Veröffentlichung hervorgeht, gipfelte das Wirken des Kaisers in einem „Caesarenwahnsinn", welcher sich für Quidde während seiner Untersuchungen durch den Glauben an die eigene Göttlichkeit, eine übermäßige Verschwendungssucht, verstärkten Militarismus und Ansätze paranoider Verfolgungsängste definierte. Ab dem Moment der Machterübernahme im Jahre 37 nach Christus durch den Tod seines Vaters beschreibt er die Herrschaft des Römers als blutdurstig, grausam und zuchtlos und hebt die auf den preußischen Kaiser zu beziehenden Stellen drucktechnisch besonders hervor. Nicht nur die charakterlichen Gemeinsamkeiten der beiden Regierenden werden aufgeführt, zusätzlich stellt Quidde die gesellschaftlichen Verhältnisse der beiden Zeiten gegenüber und setzt diese in Verbindung mit den Auswirkungen des politischen Handels der Herrscher.

2.2 Ludwig Quidde – Biografie

Es ist durchaus von Bedeutung, sich näher mit der Person des Autors dieser Schrift zu befassen, um einen Einblick in das oppositionelle Denken seiner Zeit zu erlangen. Am 23. März 1858 wurde Ludwig Quidde in wohlhabenden Bremer Verhältnissen geboren. 1876 legte er sein Abitur ab und begann bereits ein Jahr darauf sein Studium in den Fächern Geschichte, Philosophie und Volkswirtschaftslehre, wobei er schon bald einen historischen Schwerpunkt setzte. Oftmals nahm er an politischen Debatten mit seinen Kommilitonen teil und gelangte so zu einer liberalen Ausrichtung. 1878 verließ er auf den Rat eines Freundes hin Straßburg und begann ein Geschichtsstudium in Göttingen bei dem Historiker Julius Weizsäcker. Dieser beteiligte ihn bald darauf erfolgreich an der redaktionellen Verwaltung der „Deutschen Reichstagsakten". Zwei Jahre später musste er die Arbeiten krankheitsbedingt einstellen und fuhr mit einem Studienfreund nach Göttingen, wo er seine spätere Frau Margarethe Jacobson kennenlernte.

Nachdem er im Herbst 1880 nach Göttingen zurückgekehrt war, setzte er sich fortan gegen die studentische Antisemitenagitation ein, indem er eine Bewegung gegen die aufkommenden antijüdischen Gesetze gründete und später anonym eine Streitschrift über den Antisemitismus unter Studierenden veröffentlichte. 1881 begann er die Arbeiten an seiner Dissertation über die Wahl König Sigismunds und promovierte im Sommer des gleichen Jahres. Im folgenden Jahr heiratete er und zog nach Frankfurt am Main, wo er eine Stelle an der Edition der deutschen Reichstagsakten des 14./15. Jahrhunderts annahm, an denen er zeitweise schon während seines Studiums mitgewirkt hatte. Zwei Jahre später wurde er auf den Vorschlag von Weizsäcker zum außerordentlichen Mitglied der historischen Kommission der bayrischen Akademie der Wissenschaft gewählt. In den darauffolgenden Jahren trat Quidde zuerst die Nachfolge seines früheren Lehrers als verantwortlicher

Redakteur der Reichstagsakten an, bevor er später im selben Jahr seine eigene „Deutsche Zeitschrift für Geschichtswissenschaften" gründete und mit ihr schnell eine beliebte Alternative zu den etablierten Magazinen anbot. Auf einer Archivreise nach Rom im Jahr 1890 wurde ihm vom preußischen Kulturministerium das Angebot unterbreitet, an der Gestaltung des neugegründeten „Historischen Instituts in Rom" mitzuwirken. Nach zwei Jahren zeitaufwändiger Arbeit in der italienischen Hauptstadt reichte er aufgrund von Eheproblemen seine Kündigungsschrift ein und zog bald darauf nach München. Durch seine Ablehnung gegen die Heeresverstärkungspläne von Reichskanzler Leo von Caprivi trat er der „Deutschen Volkspartei", kurz DVP, bei. Durch seine demokratische Ausrichtung und sein rednerisches Geschick nahm er nun an vielen Protestversammlungen teil und wirkte führend an der Kampagne zur Ablehnung der Umsturzvorlage, welche die Pressefreiheit und Ausübung von Wissenschaften sowie die Sozialdemokratie zusätzlich regulieren sollte, mit. Er selber beschrieb sich als nationalstolz und Feind der Monarchie, die es zu besiegen galt. Nachdem er 1933 vor dem NS-Regime nach Genf geflohen war, starb er 1941 im Exil.

2.3 Kaiser Wilhelm II. – Biografie und Politik

Da Quiddes Schrift der Caligula bereits 1894 zu einem sehr frühen Zeitpunkt in Wilhelms Amtszeit veröffentlicht wurde, werde ich mich im kommenden Abschnitt mit den biografischen Fakten innerhalb der ersten 35 Lebensjahre des Herrschers befassen, um einen unverfälschten Bezug auf die Schrift nehmen zu können. Der Fokus soll hierbei zusätzlich auf der Erziehung und den Jugendjahren liegen, da diese den Grundstein einer jeden charakterlichen Ausprägung darstellt und bereits früh Rückschlüsse auf das Wesen eines Menschen erlaubt. Der preußische Thronfolger wurde am 27. Januar 1859 als Sohn von Friedrich Wilhelm III. und Victoria von England im Berliner Kronprinzenpalais geboren. Durch schwere Komplikationen bei der Geburt blieb sein linker Arm zeitlebens verkürzt, komplett gelähmt und weitgehend unbrauchbar. Welch großen Einfluss dies auf die Erziehung und folglich auch auf die Entwicklung Wilhelms nehmen würde, zeigte sich in den Folgejahren. Seine Mutter empfand die Behinderung als Versagen und „kam nie zur Freude über seinen Besitz, [denn] seine Zukunft bereitete [...] die größten Sorgen" (ZDF, 2008). Man glaubte lange Jahre die Behinderung jedoch durch eine spezielle Elektrotherapie und das Tragen von Streckkorsetten beheben zu können, was hingegen lediglich zu einer Tortur für das junge Kind wurde. Als keine Aussicht mehr auf eine Genesung bestand frustrierte seine Mutter zunehmend und verfügte über ein sehr angespanntes Verhältnis zu ihrem Sohn. Für die unmittelbare Erziehung des Kindes wählten seine adeligen Eltern den calvinistisch geprägten Pädagogen Georg Ernst Hinzpeter aus, der ihn jedoch permanent überforderte und ihm ein Leben ohne Freizeit aufzwang. Um eine zeitgemäße Bildung und gleichzeitig den Umgang in bürgerlichen Kreisen zu erwerben, besuchte der spätere Thronfolger drei

4

Jahre ein Gymnasium in Kassel, trat aber keineswegs durch überdurchschnittliche Leistungen, sondern vielmehr durch eine übermäßige Selbstzufriedenheit in Erscheinung. Mit dem Erhalten des Abiturs war die erzieherische Zeit Hinzpeters beendet. Er attestierte dem Jungen ein „vorwitziges und hochmütiges Wesen" (Holl/Kloft/Feser, 2001, 119f.). Er selber schrieb, Wilhelms Erziehung sei ein „vollkommener Fehlschlag" (Holl/Kloft/Feser, 2001, 120) gewesen, der einen maßgeblichen Einfluss auf die Unarten seines späteren Handels gehabt hätte.

Entscheidend für seine politische Ausrichtung war seine Studienzeit zwischen 1877 und 1879 an der Bonner Universität, wo er ein breit gefächertes Lehrprogramm durchlief. Seine Vorlesungen in Staats- und Rechtswissenschaften, Philosophie, Kunstgeschichte und Experimentalphysik fanden meistens in Privatstunden der Lehrer im eigenen Heim statt. Doch lediglich dem Historiker Wilhelm Maurenbrecher gelang es, den Preußen mit seinen Ausführungen wirklich zu begeistern, wodurch der Adelige sich fortan auf den geschichtlichen Fachbereich konzentrierte. Entgegen der liberalen Einstellung gelang es ihm, den künftigen Monarchen zu einem Anhänger Bismarcks zu machen, wodurch seine politischen Vorstellungen erstmalig konträr zu denen seiner Eltern verliefen. Zeitgleich wurde dem Prinzen eine für seinen Stand damals übliche Blitzkarriere beim Militär zuteil, durch die er mit 10 Jahren bereits dem 1. Garderegiment angehörte und mit 26 Jahren Oberst wurde. Dies sorgte zusammen mit Freundschaften zu anderen Soldaten vermutlich für den ausgeprägten Militarismus Wilhelms. Schon unmittelbar nach Beendigung seines Studiums traten riesige politische Differenzen zwischen ihm und seinen Eltern auf. Die vernachlässigende Haltung ihrem Kind gegenüber veranlasste Wilhelm zu einer sehr kritischen Haltung im Bezug auf beide und schürte tiefe Ressentiments. Während diese außenpolitisch mit Großbritannien kooperierten und das heimische politische System dementsprechend umgestalten wollten, war ihr Sohn englandfeindlich, antisemitisch und reaktionär durch Generalstabschef Alfred Graf von Waldersee geprägt worden. Durch das gestörte Verhältnis zu seiner Familie und seinem früheren Erzieher nahm nur Waldersee eine Art Ersatzvater für den jungen Hochadel ein. Als ein Regierungswechsel zwischen Wilhelm I. und Friedrich Wilhelm III. scheinbar kurz bevorstand versuchte das konservative Regierungsumfeld rund um Reichskanzler Otto von Bismarck den Sohn des künftigen Kaiserpaares auf seine Seite zu bringen, um einen liberalen Politikwechsel zu verhindern. Es häuften sich bereits in den 1880-er Jahren zahlreiche Belege für eine negative Ausprägung Wilhelms Charakters, welche Zeitzeugen als „eisige Gefühlskälte und maßlose Selbstüberschätzung" (Holl/Kloft/Feser, 2001, 121) betitelten. Als der Prinz 1886 um seine Abkommandierung ins auswärtige Amt bat, diagnostizierte sein Vater Friedrich Wilhelm bei ihm „mangelnde Reife, [...] Unerfahrenheit [...], verbunden mit seinem Hang zur Ueberhebung wie zur Überschätzung". (Holl/Kloft/Feser,2001,121). Nachdem sein Vater nach nur 99 Tage langer Regierungszeit am 15. Juni 1888 an Kehlkopfkrebs gestorben war, trat Wilhelm mit gerade einmal 29 Jahren seine Nachfolge an. Besorgt schrieb seine Mutter, er sei „völlig unwissend in Bezug auf soziale, industrielle, landwirtschaftliche, kommerzielle und finanzielle Fragen, da er sich nur mit militärischen Dingen" (Sir Frederick Ponsonby,1929, 371) beschäftige. Fast alle seine Biografen und historischen Forscher sind der Meinung, dass seine Charaktereigenschaften zu diesem Zeitpunkt bereits fertig ausgeprägt waren und bis zu seinem Tod fast unverändert Bestand hatten. Schnell zeigte sich, dass der letzte deutsche Monarch und der damalige Reichskanzler Otto von Bismarck grundlegend differenzierte Ansichten von der Machtverteilung im deutschen Reich und der Rolle des Kaisers in der Regierung hatten. Während Bismarck dem Kaiser einen gewissen politischen Einfluss zugestand, diesen jedoch mehr auf die repräsentative Rolle seines Amtes verwies, wollte Wilhelm der alleinige Herrscher über das Volk sein und seinem Reichskanzler so wenig Geltungskraft wie möglich überlassen. Die ersten Jahre der wilhelminischen Zeit wurden daher von dem Machtkampf zwischen den beiden überschattet bis der Kaiser den Reichskanzler 1890 entließ. Entschlossen das Land zu verändern, beschloss Wilhelm Sozialreformen und weckte im Volk die Hoffung einer fortschrittlichen und liberalen Regierungszeit, die jedoch schnell wieder verging, da seine Untertanen fortan nur wie die Statisten in einer Selbstinitiierung wirkten. In den folgenden Jahren sank seine Popularität stetig, da er scheinbar nur noch durch seine Neigung zur Selbstdarstellung, schwärmerische Reden und kriegerische Paraden in Erscheinung trat. Er verlor sich immer mehr in einer Selbstherrlichkeit und Vergötterung seiner Person, war jedoch durch die frühe Abweisung seiner Familie zerfressen von Selbstzweifeln und der Angst nicht zu genügen. Durch sein Suchen nach Bestätigung verhielt er sich sehr opportunistisch und hielt sich oftmals nicht an getroffene Absprachen. So auch kam es zu einer neuen außenpolitischen Ausrichtung des Kaiserreiches durch das Abwenden von Russland hin zu England, das eine Partnerschaft später jedoch ablehnte. Durch eine Militärkonvention von Frankreich und Russland stieg auch durch Wilhelms diplomatisches Versagen erstmalig die Kriegsgefahr während seiner Laufbahn.

2.4 Skandalisierung und öffentliche Wahrnehmung

Nachdem Quidde erste manuskriptartige Entwürfe der Caligula Schrift im Jahre 1892 innerhalb nur weniger Tage, ohne jegliche Hinzunahme fachliterarischer Quellen verfasste hatte, war sein Schaffen wie er später selber schrieb „eine Art Selbstbefreiung von dem, was [ihn] in Gedanken an den Kaiser beschäftigte" (Holl/Kloft/Feser,2001,56) und nicht zur Veröffentlichung gedacht. Als er seine Entwürfe 1893 zufällig wiederfand und einem Freund daraus vorlas riet dieser ihm zur Veröffentlichung. Bevor für ihn jedoch an eine öffentliche Präsentation des Werkes zu denken war ließ er seine Ausführungen trotz eigener fachlicher

Kenntnisse durch den befreundeten Historiker Franz Rühl auf historische Unstimmigkeiten untersuchen und mit belegenden Zitaten versehen. Er kontaktierte die linksliberale „Frankfurter Zeitung", da ihm ein Erscheinen des Werkes hier am realistischsten erschien. Die redaktionelle Leitung lehnte dies aus Furcht vor einer strafrechtlichen Verfolgung jedoch ab. Mit der Annahme, die Caligula Studie nun wohl nicht mehr per Verlagswesen veröffentlichen zu können, trug er einzelne Passagen bei öffentlichen Auftritten demokratischen Vereinen vor.

Später ließ er den Text jedoch noch einmal einem Parteikollegen der demokratischen „Deutschen Volkspartei" und Leiter der Zeitung „Gesellschaft" zukommen, der sich für eine Herausgabe entschied. Am 25. März 1894 erschien das Werk letztendlich nach zuvor kurzfristig vorgenommenen Korrekturen, bei denen der Name des römischen Kaisers Caligula nachträglich auf einigen Seiten eingefügt wurde, um jeglichen juristischen Schritten entgegenzuwirken, unter dem Namen „Caligula. Eine Studie über römischen Cäsarenwahnsinn von Ludwig Quidde" und umfasste mittlerweile 14 Seiten. Anfangs schien die Publikation jedoch für die Öffentlichkeit und gerade für die Presse von keiner Bedeutung zu sein, da erst mehrere Wochen später am 6. Mai ein zudem kaum beachteter kleiner Artikel im „Vorwärts" erschien und sich die Herausgabe bis zu diesem Zeitpunkt nur knapp 6000 Mal verkaufte.

Die Skandalisierung beginnt folglich erst einige Wochen später als die christlich konservative „Kreuzzeitung" mit einer Rezension der Schrift, in der flüchtig, überdramatisiert und stellenweise beinahe verzerrt Inhalt und Intention wiedergegeben wurden, über das Werk berichtete. Dieser Artikel, der „den Caligula der Entrüstung des Lesers und, ohne das direkt anzusprechen, natürlich der Betrachtung des Staatsanwaltes empfahl" (Holl/Kloft/Feser, 2001, 60), sorgte für eine Welle unzähliger öffentlicher Reaktionen auf Quiddes Werk und wurde kontrovers diskutiert. Vorhergegangen war laut August Stein, dem Berliner Hauptkorrespondenten der „Frankfurter Zeitung" ein Gespräch am Reichstag zwischen ihm und den Redakteuren der Kreuzzeitung Wilhelm Joachim Baron von Hammerstein und Dr. Hermann Kropatschek. Der Chefredakteur Hammerstein empfahl seinem Kollegen sich ein Exemplar der Caligula Schrift zu besorgen und riet dazu, von dieser „göttlichen Frechheit [...] in der Frankfurter Zeitung Lärm zu schlagen" (Holl/Kloft/Feser, 2001, 60). Nachdem sich dieser mit dem Inhalt des Textes vertraut gemacht hatte, lehnte er wie auch zuvor die leitende Redaktion den Vorschlag einer Veröffentlichung ab. Dieses Gespräch lässt darauf schließen, dass es ganz dem Willen der Redakteure der „Kreuzzeitung" entsprach, den Kaiser in Kenntnis dieser Schrift zu setzen und für eine möglichst hohe Popularität dieser zu sorgen, auch wenn dies aus heutiger Sicht vermutlich widersprüchlich zu der feudal konservativen Ausrichtung der Zeitung scheinen mag.

Doch auch bei den Reaktionären des deutschen Reiches stieß der Kaiser mit seiner teilweise sehr widersprüchlichen Art und Politik ähnlich wie in Quiddes Schrift auf Skepsis und Sorge über deren Folgen.

Die „Norddeutsche Allgemeine Zeitung" verurteilte diese Vorgehensweise in einem wenige Tage später erschienen Artikel stark und warf der „Kreuzzeitung" vor, die Caligula Schrift nur beworben und so „gegen die Interessen der Monarchie gesündigt zu haben" (Holl/Kloft/Feser,2001,60). Auch das „Berliner Tagesblatt" und die „National-Zeitung" beschuldigten die Zeitung, Wilhelm II. damit direkt zu attackieren. Mittlerweile schien das gesamte Land zu berichten, da auch die „Germania" und die „Kölnische Volks-Zeitung und Handelsblatt" sich schockiert über das plumpe Werben für die Ausführungen Ludwig Quiddes der „Kreuzzeitung" zeigten. Der Historiker Utz-Friedebert Taube und auch Quidde attestierten der Kreuzzeitung später ebenfalls einen „heimtückischen Angriff auf den Kaiser" (Bauer, 2003, 10). Liberale Blätter wie die „Weser-Zeitung" sprachen davon, dass nicht die verschriftlichte Monarchenkritik Quiddes, sondern der Artikel der „Kreuzzeitung" äußerst beleidigend Wilhelm gegenüber sei. Doch auch der Verfasser der „Studie" wurde Ziel zahlreicher Anschuldigungen, gerade konservativer Medien. So verstand es der „Reichsbote", den Artikel der „Kreuzzeitung" dadurch zu legitimieren, dass sie Quidde „zeitgeschichtliche Vergleiche [...] und niedrige Bosheiten" (Bauer, 2003, 11) vorwarf. In Fachkreisen attackierte ihn die „Historische Zeitschrift", ein konkurrierendes Blatt seines eigenen Magazins, damit, dass ihm jegliche Kompetenz und belegende Quellen fehlten. Viele damalige Historiker, als auch „Die Historische Klasse der Münchener Akademie" sprachen fortan von einem Missbrauch der Wissenschaft für Quiddes politische Überzeugung und einer unangebrachten Kommerzialisierung dieser.

Das Werk Quiddes wurde schlagartig zum Anlass unzähliger Veröffentlichungen verschiedenster Art von gegen den Autor gerichteten Streitschriften, politischen Reden bis hin zu wissenschaftlichen Erörterungen, die den Erfolg des Literaten für sich zu nutzen versuchten. Aufgrund der mittlerweile riesigen Resonanz der Presse und enormer Mund zu Mund Propaganda stieg die Auflage schlagartig in bis dahin kaum gekannte Dimensionen an. Die nun insgesamt 30 verschiedenen Auflagen des Schriftstückes verkauften sich laut Angaben des Verlegers bereits 150.000 Mal, zu dieser Zeit ein absoluter Sensationserfolg.

Zu der Leserschaft zählten Mitglieder verschiedenster sozialer Schichten und politischer Ausrichtungen, beinahe flächendeckend fand das Werk großen Anklang. „Kleine Leute, [...] der bessere Mittelstand [...]ob liberal, konservativ oder antisemitisch denkend [...], sowie der Geburts- und Geldadel" (Holl/Kloft/Feser, 2001, 61) ließen sich von der Publikation begeistern. Selbst der Prinz von Battenberg und eine preußische Prinzessin verwendeten Quiddes Text als Reiselektüre und verschickten mehrere Exemplare an den englischen Hof. Auch einige spätere Minister und Botschafter nannten den Caligula als einen der Anfänge ihres politischen Interesses und ihrer beruflichen Entwicklung. Schnell fand die Schrift auch ihren Weg in außenpolitische Konflikte des Kaiserreichs, wie aus einem Bericht des „Reichsboten" hervorgeht, der die Forderungen der deutschen Regierung an Port au Prince nach Entschädigung gegenüber einem in Haiti Unrecht zugefügten Reichsbürger thematisierte. Erst durch den Einsatz einer deutschen Kriegsflotte vor der haitianischen Hauptstadt leistete der Minister dem Wunsch Genüge, ließ jedoch, um sich am Kaiser zu rächen, die Caligula ins Französische übersetzen und an die Bevölkerung verteilen.

Allgemein lässt sich jedoch feststellen, dass es in der Aufarbeitung und Berichterstattung des Werkes durch die Printmedien weniger um inhaltliche Aspekte, sowie die Frage, ob Ludwig Quidde eine ernsthafte Erörterung der politischen Lage oder lediglich eine Satireschrift bezweckte, ging, sondern mehr um die Beweggründe der „Kreuzzeitung", überhaupt die Thematik des Ganzen aufzugreifen. Obwohl anfangs die Kritik an der Person des Autors eher gering ausfiel, sah sich dieser in den kommenden Jahren mit einigen persönlichen und beruflichen Einschränkungen und Diffamierungen konfrontiert.

2.5 Intention des Ludwig Quiddes

Wie bereits genannt rückte die Intention Quiddes bei allem Aufsehen, das die Schrift erregte, eher in den Hintergrund und war lange Zeit unklar. Die Anfänge der Idee zu der Caligula Studie lassen sich vermutlich auf das Jahr 1889 zurückführen als Ludwig Quidde sich aus beruflichen Gründen in Königsberg mit der antiken römischen Geschichte und folglich auch mit dem Kaiser Gaius Caesar Augustus Germanicus, besser bekannt als Caligula, zu beschäftigen begann. Ihm fielen einige Parallelen zu aktuellen Geschehnissen rund um Kaiser Wilhelm II. auf. Diese Gemeinsamkeiten in Person und Handlungen verdichteten sich in den kommenden Jahren immer mehr.

Später weckte dies in ihm die Erinnerung an ein Foto des preußischen Monarchen mit der Aufschrift „oderint dum metuant" (übersetzt: mögen sie hassen, wen sie fürchten), welches er in seiner Zeit als Direktor des preußischen historischen Instituts in Rom gesehen hatte. Geprägt wurde dieser Spruch bezeichnenderweise durch den früheren römischen Herrscher Caligula. Er fand heraus, dass Wilhelm Karten mit dieser Signatur in großer Anzahl verschenkt hatte und war nicht mehr davon abzubringen, mit den Arbeiten an den Manuskripten zu beginnen.

Später schrieb Ludwig Quidde, er habe, nachdem seine Ausführungen bei öffentlichen Auftritten großen Anklang gefunden hatte, mit der Veröffentlichung versucht, „zu warnen vor den Gefahren, die in der unberechenbaren [...] unfähigen [...] Art des Kaisers" (Holl/Kloft/Feser, 2001, 81) lägen. Der Reiz des Themas lag für ihn dabei laut eigener Aussage im historischen als auch im psychologischen Interesse und Verständnis der beiden Persönlichkeiten. Ihm persönlich widerstrebte wohl am meisten der Militarismus Wilhelms,

9

über den er bereits 1893 eine Streitschrift veröffentlicht hatte, da er entgegen seiner meisten Zeitgenossen bekennender Pazifist und seit dem Jahr der Herausgabe der Caligula Schrift Mitlied der Deutschen Friedensgesellschaft war. Nach seinem damaligen Erachten hatte er nur die auffälligsten wirklich existenten Ähnlichkeiten, welche die größten politischen Folgen hätten haben können aufgeführt. In welcher Form er das tat blieb fortan jedoch sehr umstritten. Während der Autor selber und auch einflussreiche Historiker wie Treitschke das Werk als politische Satire, die nur angesichts formaler Aspekte als wissenschaftliche Arbeit zu sehen war, einschätzten, war sie gerade bei anderen Forschern für die Kombination historischer Fakten mit künstlerischen Ausführungen sehr verpönt.

2.6 Folgen der Schrift für Ludwig Quidde

In den Folgemonaten seines riesigen Erfolgs bereitete sich der Historiker auf ein Ermitteln der Staatsanwaltschaft vor und traf Vorbereitungen für den Fall einer Hausdurchsuchung. Um die Mitarbeit Franz Rühls und seiner zwei Mitarbeiter an den Entwürfen geheim zu halten und sie so vor dem Tatbestand der Beihilfe zu schützen, die sich verheerend auf die berufliche Entwicklung aller ausgewirkt hätte, verbrannte er die Aufzeichnungen. Der Anwalt Quiddes riet dem Autor und seiner Frau zur Flucht, die er wie zuvor auch eine anonyme Veröffentlichung der Caligula aus Überzeugung ablehnte. Des Weiteren kam für ihn ein untätiges Abwarten nicht in Frage. Er verfasste eine Legitimierung seines Vorgehens in einem Schreiben, das gleichzeitig in der „Vossischen Zeitung" und „Frankfurter Zeitung" erschien. Eine Genehmigung, die Caligula Studie übersetzen und im Ausland veröffentlichen zu lassen, lehnte er zudem entgegen mehrfacher Aufforderungen zu seinem eigenen Schutze ab. Trotz der Erwartung Vieler blieb eine Anzeige und eine Vernehmung des Publizisten aus, jedoch unterzog die Staatsanwaltschaft Quidde nun einer dauerhaften Beobachtung bei öffentlichen Auftritten und überprüfte diese gründlich.

Schwerwiegender stellten sich hingegen die beruflichen und gesellschaftlichen Folgen dar, die in den kommenden Jahren auftraten. Abgesehen von einem frühen beruflichen Angebot des bekannten Journalisten Maximilian Harden an seiner Zeitschrift „Die Zukunft" mitzuwirken, welches Ludwig Quidde aufgrund zeitaufwändiger beruflicher Verpflichtungen ablehnte, waren sie eher negativ. Nachdem er durch das Etablieren seiner Zeitschrift in den Jahren ab 1888 einen guten Ruf und einiges an Einfluss in der historischen Fachschaft erlangt hatte, schien dies nun in Folge der Caligula Schrift abzunehmen. Weder mit seiner Zeitschrift noch mit seiner Person waren Kollegen gewillt in Verbindung gebracht zu werden, sodass sich Quidde, nachdem er nun auch auf den Frankfurter Historikertagen ins Abseits gerückt war, genötigt sah, durch den Boykott seiner Veröffentlichungen sein Unternehmen aufzugeben. Er überließ die Redaktion seiner Zeitschrift zukünftig drei Kollegen, die aber durch eine Umbenennung schnell versuchten, Abstand vom früheren Leiter und Gründer zu gewinnen. Ebenso rügte ihn „Die historische Klasse der Münchener Akademie", dessen außerordentliches Mitglied er seit 1892 war, indem sie seine Arbeit öffentlich als „einen Missbrauch der Wissenschaft" (Holl/Kloft/Feser, 2001, 67) verurteilten. Trotz dem Abraten der Veranstalter hielt Quidde eine Rede über die von Kaiser Wilhelm II. veranlasste Umbenennung seines Großvaters in Wilhelm der Große, wurde so wegen Majestätsbeleidigung angeklagt und musste anschließend eine 3-monatige Haftstrafe verbüßen. Die Historische Kommission der Münchener Akademie entzog ihm jedoch daher die Leitung der „Deutschen Reichstagsakten". Überdies verschwand der Name Ludwig Quidde bei seinem alten Arbeitgeber, dem „Preußischen Historischen Instituts in Rom", vollständig aus den Aufzeichnungen, was ihn besonders zu verletzen schien. In künftigen Reden und Publikationen des Institutes über Projekte aus der Zeit des Literaten fand er keinerlei Nennung mehr, was vermutlich auf die Einflussnahme des Kaisers aufgrund der staatlichen Förderung zurückzuführen war. In den folgenden Jahren wurde er zwanghaft dazu gedrängt, seine repräsentativen Ämter aufzugeben. Bei seinen Reisen verzichtete er auf Besuche bei Politikern und einflussreichen Personen im Ausland, um diese beim deutschen Kaiser nicht in Ungunst zu setzen.

Erst 1914 mit Eintritt des 1. Weltkrieges änderte sich dies aufgrund der pazifistischen Einstellung Quiddes. Geschuldet der staatlichen Überwachung, geringer publizistischer Erfolgsaussichten und der Verunglimpfung durch eine Vielzahl der damaligen Historiker konzentrierte er sich mehr auf sein politisches Engagement. Durch die hohe Popularität seiner Person nahm er auch in seiner Partei eine entscheidende, in der Öffentlichkeit wirksame Position ein und vertrat diese auf internationaler Ebene. Dies wurde zusätzlich durch seine Sprachkenntnisse und eine sehr geduldige Verhandlungsführung begünstigt. Seit einigen Jahren gehörte er auch dem Präsidium der DFG an, war Leiter der deutschen Delegation auf dem internationalen Friedenskongress und Mitglied im Rat des Internationalen Friedensbüros in Bern. Später wurde er außerdem an die Spitze der Deutschen Friedensgesellschaft gewählt. Auch in seiner politischen Karriere hatte er wie mit seiner Caligula Schrift großen Erfolg und es zeigte sich, dass sich Quidde verpflichtet fühlte, so weitreichend wie möglich für seine Ideale der Demokratie und des Friedens einzustehen. Jahre später erhielt er gerade wegen seiner diplomatischen Bemühungen, den außenpolitischen Konflikt zwischen Deutschland und Frankreich beizulegen, 1927 den Friedensnobelpreis.

2.7 Wahrheitsgehalt der Schrift

Quidde beschreibt direkt zu Beginn seiner Schrift die Machtübernahme des Caligula in einem sehr jungen Alter. Dies erinnert an Kaiser Wilhelm II., da auch er bereits im Alter von 29 Jahren die Thronfolge seines Vaters antrat. Des Weiteren spricht er davon, dass Caligulas

11

populärer Vater in seiner mächtigsten Zeit „einem tückischen Geschicke" (Quidde,1926,1) erliegt, was ebenfalls mit dem Tod Friedrich Wilhelms III. gleichzusetzen ist, der, nachdem er in hohem Alter endlich Kaiser geworden war, nach nur 99 Tagen starb. Zu Beginn der Amtszeit des römischen Machthabers fällt „der leitende Staatsmann [...] sehr bald in Ungnade" (Quidde, 1926, 2) und verliert daraufhin seine komplette Macht an den Kaiser. Es lassen sich Parallelen zu der Entlassung Otto von Bismarcks als Reichskanzler durch Wilhelm II. zwei Jahre nach dessen Machtergreifung erkennen, da er so diesem Amt weniger politische Macht zuschreiben wollte, um alleiniges Staatsoberhaupt des Reichs zu werden. In Folge dessen versprach sich das römische Volk „eine Änderung der Regierungsgrundsätze" (Quidde, 1926, 2), die durch liberale Elemente tatsächlich eintraten. Auch die Deutschen erhofften sich durch den Rauswurf des konservativen und reaktionären Bismarcks einen politischen Kurswechsel, der durch die sozialpolitischen Reformen des preußischen Monarchen teilweise gelang. Bis zu den kleinsten Einzelheiten tagespolitischer Geschehnisse gelangen Quidde durch ein Kanalbauprojekt des Römers und die Vollendung des Mittellandkanals durch Wilhelm Vergleiche zwischen den beiden Staatsoberhäuptern. Bei den charakterlichen Eigenschaften spricht er von dem „Wunsch, etwas Großes zu wirken, [...] spielerischen Manövern, [...] Missachtung jeder Sachkenntnis, [...], [...] Rast- und Ruhelosigkeit" (Quidde, 1926, 7ff.), als auch dem Gefühl göttlicher Berufung und ehrenvoller Furcht der Untertanen. Auf den letzten deutschen Monarchen dürften so ziemlich alle dieser Eigenschaften zutreffen, da er Deutschland zu einer wirtschaftlichen und politischen Weltmacht führen wollte, sein patriarchalisches Machtverhältnis durch militärische Paraden definierte und zur Schau stellte, seine Objektivität zunehmend verlor und Personen seines Umfelds mit einer Meinung, die nicht seiner entsprach zu verachten begann, zeitweise ein halbes Regierungsjahr verreiste, sich durch Gott berufen glaubte und sich nur vor ihm zu rechtfertigen hatte. Während der römische Kaiser zu seinem Vergnügen einem Pferd die Konsulwürde verlieh, bevorzugte auch das preußische Staatsoberhaupt die Besetzung der Posten seines Umfeldes nach ihn belustigenden Kriterien. Die bei Caligula beschriebene Widersprüchlichkeit seiner Ausführungen lässt sich auch bei Wilhelm entdecken, der zwar ein Kaiser des Volkes sein wollte, diesem jedoch keinerlei politische Macht zugestand. Ebenso wollte er ein sozialer Machthaber sein, stellte die Sozialdemokratie und das Gewerkschaftswesen hingegen unter schwere Strafe. Bei dem deutschen Monarchen findet sich der gleiche Hang zur Kostümierung, da er seine Uniform, zeitgenössischen Beobachtern zufolge, bis zu sechs Mal täglich wechselte und durch seine Vorstellung eines persönlichen Regiments eine harsche Selbstüberhöhung betrieb. Die bei Caligula angesprochene Prunk- und Geltungssucht macht sich bei Wilhelm beispielsweise durch Bauwerke wie die Moselbrücke bemerkbar. So unverkennbar all diese Eigenschaften und Gemeinsamkeiten auch sein mögen ist der Begriff des „Caesarenwahn" bis heute sehr umstritten und die „Caligula Studie" wird durch das Auslassen einiger historischer Quellen wie die des Sueton und des Cassius Dio durch Quidde wohl auch keine wissenschaftliche Erörterung darstellen, sondern mehr eine geschichtlich biografische Satireschrift.

3 Fazit

Ludwig Quidde war mit seiner Caligula nicht der erste und einzige seiner Zeit, der Kaiser Wilhelm II. die Symptomatik des „Caesarenwahns" vorwarf, doch verstand er es, diese Eigenschaften anhand eines klaren Beispiels zu benennen, seinen Ursachen zuzuführen und satirisch zu veranschaulichen. Ein direktes Einwirken der Schrift auf den Kaiser und dessen Politik bleibt trotz aller Popularität nicht zu erkennen, da von Seiten der Behörden nie eine Reaktion auf die Geschehnisse zu erkennen war. Jedoch gelang es ihm, eine öffentliche Debatte um die Person des Kaisers anzuregen und dies unterstrich einmal mehr die Macht politischer Herausgaben. Als eines der ersten Beispiele lässt sich die Broschüre auch auf die unglaubliche Macht der medialen Meinungsbildung beziehen, da sie erst durch das Interesse einer einzelnen politischen Gruppe zum Willen dieser skandalisiert wurde. Die Einstufung der aus heutiger Sicht eher einer Satire ähnelnden Studie fällt hingegen sehr schwer, da ihr ein wissenschaftlicher Bezug und eine politische Wichtigkeit nicht abzustreiten ist. Jedoch bleibt fraglich, inwiefern sie den historisch sowieso schon umstritten Begriff des „Caesarenwahns" und dessen Einordnung als Psychopathie erörtern und definieren kann. Außerdem liegt die Bedeutung der Schrift weniger in ihrem wissenschaftlichen Wert, als in der öffentlichen Resonanz, die durch sie ausgelöst wurde und den vielfältigen Möglichkeiten ihrer Betrachtung. Auch wenn Quidde laut Meinung der meisten Zeitzeugen und heutigen Historiker die Problematik des Wesens und Handelns Kaiser Wilhelms II. symbolisch darlegte, wird doch nie ein flächendeckender Konsenz über seine Schrift und den letzten deutschen Kaiser möglich sein. Vielleicht wollte dieser ja selber auch nie anders wirken, so war er es doch, der Fotografien mit dem Satz des römischen Herrschers verteilte und zu keiner Zeit auch im Nachhinein Stellung bezog.

4 Literaturverzeichnis

[1]   Holl/Kloft/Feser, Caligula - Wilhelm II. und der Cäsarenwahn - Antirezeption und wilhelminische Politik des "Caligula" von Ludiwg Quidde (2001)

[2]   Andreas Bauer, Ludwig Quiddes „Caligula" und die Reaktion der Öffentlichkeit (2003)

[3]   Ludwig Quidde, Caligula. Eine Studie über den römischen Cäsarenwahnsinn, Neuaufalge (1926)

[4]   Frederick Posonby, Briefe der Kaiserin Friedrich, (1929)

[5]   Süddeutsche.de, Die bizarrsten Zitate von Kaiser Wilhelm II. (2009) (http://www.sueddeutsche.de/politik/die-bizarrsten-zitate-von-kaiser-wilhelm-ii-   blut-muss-fliessen-viel-blut-1.470594-7)

[6]   Zeit.de, Fremd im eigenen Land (2007) (http://www.zeit.de/2007/50/P-Quidde)

[7]   ZDF, Die Deutschen - "Herrliche Zeiten" Wilhelm II. im Zenit der Popularität (2008)